AF509836

SUR LA TOMBE

DE

M. Camille LENFANT

SUR LA TOMBE

DE

M. Camille LENFANT

La mémoire de cet homme de bien n'a pas
besoin d'un discours. Devant tout ce peuple
qui se presse autour de sa tombe, ses actes et
ses œuvres parlent mieux que ne saurait le
faire l'ami désolé dont vous entendez les paro-
les en ce moment. Est-ce à vous qu'il faut
redire ce qu'a fait pour ses clients, ses administrés, ses amis, ses pauvres, cet homme d'élite
dont le cœur égalait l'intelligence ; à vous, les
témoins d'une vie si laborieuse, si active, si
dévouée ; à vous, qui en avez senti les effets, et
qui en conservez le souvenir ?

Pendant que des foules faciles à égarer acclament trop souvent ceux qui les flattent et les bercent de belles promesses, votre recueillement religieux, votre douloureux silence, disent assez que, si l'ami que vous venez de perdre vous a toujours parlé le langage de la raison, il a fait autre chose pour vous que de vaines protestations de dévouement.

Au début de sa carrière, Camille LENFANT, venu comme notaire à Romilly, se donna tout entier à cette ville, sa nouvelle patrie, et s'y attacha comme à l'enfant de ses prédilections. Il l'aima malgré les déceptions qu'il y rencontra ; de même que les mères se sentent plus d'affections pour l'enfant qui leur a causé plus de peines ou demandé plus de soins. C'est là qu'il fut Notaire, Maire, Conseiller général. Ceux qui l'ont bien connu ont pensé que sur un théâtre plus vaste et plus élevé — telles étaient les aptitudes dont il était doué — il n'eût guère trouvé de fonction ni de rôle supérieur à sa capacité. Il n'y a pas songé, et son ambition s'est trouvée pleinement satisfaite de pouvoir être utile à sa commune et à son canton. Il n'a jamais eu l'envie de disputer à d'autres l'honneur de représenter et de servir le pays tout entier.

Il fut un moment pourtant où cet homme d'affaires, ce modeste praticien, ce maire absorbé dans les œuvres de l'administration municipale, fut mêlé aux tristes événements des années 1870-71. La guerre étrangère et la guerre civile le trouvèrent à son poste, défendant avec succès, contre les impérieuses exigences du vainqueur les intérêts de ses administrés, résistant aux passions d'une population surexcitée, en même temps qu'il subvenait à ses besoins par l'activité et la prévoyance de son administration. Il mérita, par sa patriotique fermeté, l'honneur de servir d'otage à l'ennemi en répondant sur sa tête des moindres mouvements de la ville et il eût mérité l'honneur d'être, à Romilly, la première victime de la guerre civile, si la commune eût triomphé.

Ce ne fut là dans la vie de LENFANT qu'un court incident où il montra qu'il n'était point de situation au-dessus de son courage, point de devoir devant lequel pût reculer sa forte volonté. Sa vie ordinaire fut la pratique de sa profession et le maniement des affaires de la cité, car elle le retrouva toujours à sa tête dans les moments difficiles et critiques. La profession de notaire ne fut jamais comprise ni pratiquée par lui comme un métier. Il y fut le conseiller de tous ses clients, l'ami de beaucoup d'entre eux, le tuteur en quelque façon des plus jeunes et des plus faibles d'esprit ou de volonté, et toujours le père des plus malheureux. Combien, parmi ceux qui m'écoutent, ont dû à ses judicieux avis de sortir d'une mauvaise affaire ! Combien ont dû à ses actives démarches de réussir dans une difficile entreprise ! Combien de familles où il a ramené la paix, en éclaircissant les malentendus, en calmant les passions, en éteignant les rancunes ! Et combien de familles pauvres auxquelles il a donné, non-seulement les moyens, mais le courage de travailler et la vertu de vivre honnêtement !

Voilà comment il traitait ses clients. Comment il en agissait avec ses administrés. La population de tout rang et de toute classe qui est venue lui rendre les derniers devoirs, n'a pas besoin que je le lui rappelle. Quand il était à la tête de l'administration municipale, on était partout assuré que l'ordre, l'économie, le bon emploi des deniers de la commune, n'avaient pas de gardien plus vigilant, plus habile, ni plus autorisé. Les riches savaient que les finances étaient en bonnes mains. Les pauvres voyaient que, sous une administration aussi ingénieuse que paternelle, les ressources ne manqueraient jamais pour leur venir en aide.

Voilà le Notaire et l'Administrateur, dont les œuvres ont rempli la vie. LENFANT a été un homme d'affaires d'une rare habileté, d'une activité plus rare encore. S'il a connu la fatigue, on ne s'en est guère aperçu à le voir se reposer d'une œuvre en passant à une autre. Comme il réussissait en tout, dans les affaires

publiques aussi bien que dans les affaires pri-
vées, on eût été tenté de croire qu'il avait fait
un pacte avec la fortune. Si on le suit atten-
tivement dans l'exécution de ses desseins, on
trouve bien vite l'explication de ce succès
constant. C'est qu'à un jugement sûr, dans la
conception de ses projets, il joignait un sens
pratique qui n'hésitait point sur le choix des
moyens les plus propres à les faire réussir.
Comme tous les hommes vraiment supérieurs
qui ont réussi sur de plus grands théâtres,
Lenfant avait des facultés d'exécution au moins
égales à ses facultés de conception.

J'ai dit que les œuvres avaient rempli cette
vie d'une activité qu'on pourrait appeler, sans
exagération, dévorante. Il faut ajouter, pour
achever de faire connaître cet homme excel-
lent et complet, qu'elles ne l'ont point absorbé.
Cette nature faite pour l'action avait, dans
les courts et rares loisirs de son existence, des
moments de recueillement où il pensait à tout
autre chose qu'aux affaires. Son âme élevée.
nullement rêveuse, mais méditative à sa volonté
et à ses heures. ressaisissait les questions mo-
rales, sociales et religieuses, aussitôt que les
affaires lui laissaient quelque liberté. Il aimait
à s'en entretenir avec les amis que ces questions intéressaient, et alors on éprouvait une
surprise mêlée de plaisir à entendre un esprit
qui, sans jamais se perdre dans la métaphy-

sique, entrait assez avant dans le fond des choses pour comprendre et conclure avec la netteté et la précision qu'il portait partout. Il n'était point de cette classe d'hommes qui ne vivent que d'affaires; il vivait au contraire de foi et de doctrine, à tel point qu'on peut dire que toute cette activité extérieure, qui fait la vie des gens d'affaires, n'était que la surface de sa vie intime et véritable.

C'est la religion, c'est la morale, c'est l'esprit de famille qui faisaient le fond de cette vie. Toutes ces pures et saintes choses s'unissaient à son foyer et se fondaient en une seule et même pensée qui faisait sa joie dans le succès et sa force dans l'épreuve. C'est là qu'il fallait le voir pour reconnaître combien il y avait de tendresse, de sensibilité, d'humeur facile, de franche gaîté dans la gravité, parfois un peu triste, de l'homme d'affaires et d'administration. C'est là, qu'entouré de tous les siens, l'heureux grand-père se faisait tout à tous, causant affectueusement avec les femmes, jouant avec les enfants auxquels il savait si bien faire en même temps la leçon. C'est là enfin que, le soir, il venait se reposer de ses fatigues, se distraire de ses ennuis, se consoler de ses déceptions. La piété filiale des siens le savait bien, et c'était à qui ferait le plus et le mieux pour lui rendre plus cher ce foyer où l'époux et le père trouvait tout ce que l'homme peut espérer de bonheur ici-bas.

Cher et vaillant ami, que ce monde vient de perdre, à un chrétien comme toi, on ne dit point adieu, on dit : au revoir. La seule consolation de la famille qui te pleure aujourd'hui, qui te pleurera toujours, c'est le ferme espoir de te retrouver dans un autre monde meilleur, où t'attendait la douce et sainte fille que tu as tant aimée.

E. VACHEROT.

Romilly-sur-Seine, le 2 Décembre 1879.

Troyes. — Typ. BERTRAND-HU.

www.ingramcontent.com/pod-product-compliance
Lightning Source LLC
LaVergne TN
LVHW011936170726
843501LV00011BA/4448